Nossa Senhora do Carmo
Novena e história

Maria Belém

Nossa Senhora do Carmo
Novena e história

Paulinas

Citações bíblicas: *Bíblia Sagrada* – tradução da CNBB, 2ª ed., 2002.

Editora responsável: *Celina Weschenfelder*
Equipe editorial

5ª edição – 2010
7ª reimpressão – 2024

Nenhuma parte desta obra poderá ser reproduzida ou transmitida por qualquer forma e/ou quaisquer meios (eletrônico ou mecânico, incluindo fotocópia e gravação) ou arquivada em qualquer sistema ou banco de dados sem permissão escrita da Editora. Direitos reservados.

Cadastre-se e receba nossas informações
paulinas.com.br
Telemarketing e SAC: 0800-7010081

Paulinas
Rua Dona Inácia Uchoa, 62
04110-020 – São Paulo – SP (Brasil)
📞 (11) 2125-3500
✉ editora@paulinas.com.br

© Pia Sociedade Filhas de São Paulo – São Paulo, 2003

Introdução

A devoção a Nossa Senhora do Carmo, há séculos enraizada no coração do povo, está sendo resgatada e cada vez mais o número de devotos vem aumentando.

As diversas gerações do Carmelo, desde as origens até hoje, seguem um autêntico itinerário de fé até a "montanha, que é Jesus Cristo", moldando sua própria vida sobre o exemplo das virtudes de Maria Santíssima.

O amor e o afeto por Maria crescem no coração das pessoas à medida que a contemplam como aquela que desde o princípio soube estar atenta à Palavra de Deus e obediente à sua vontade (cf. Lc 2,19.51). Maria, qual Mãe atenciosa, acompanhou o crescimento de Jesus em Nazaré, seguiu seus passos nos caminhos da Palestina e esteve com ele nas bodas de Caná, intercedendo pelos noivos (cf. Jo 2,5). Como aquela que esteve inabalável aos pés da cruz de Jesus, oferecendo com ele todo seu ser ao Pai e aceitando-nos como seus filhos e filhas (cf. Jo 19,26).

E hoje Maria continua conosco, como esteve com os primeiros cristãos (At 1,14), rezando e permanecendo em nosso meio como mãe atenciosa e mediadora poderosa junto de Deus.

Nossa devoção a Virgem Santíssima deve manifestar-se por meio de uma oração sempre mais fervorosa, de veneração e de louvores entusiasmados, mas, acima de tudo, temos de mostrar nosso amor por meio da imitação de suas virtudes, especialmente a fé, a justiça e a caridade.

Esta novena quer ser um subsídio para os devotos de Nossa Senhora do Carmo e para todas as pessoas que desejam viver mais intensamente a união com esta santa Mãe e obter pela sua intercessão as graças de que necessitam para uma vivência cristã e humana, mais autêntica e saudável.

PRIMEIRO DIA

Nossa Senhora do Carmo

Em nome do Pai, do Filho e do Espírito Santo. Amém.

A festa de Nossa Senhora do Carmo é celebrada no dia 16 de julho. Este título de Maria remonta ao século XIII, quando, sobre o monte Carmelo, na Palestina, alguns devotos, chamados eremitas porque viviam sozinhos, se dedicavam a uma vida de oração e contemplação de Deus. Em meio às celas, os eremitas levantaram uma capela em homenagem a Nossa Senhora do Carmo, ou do Carmelo. Mais tarde foram obrigados a emigrar para Europa. Enfrentando muitas dificuldades, conseguiram que a Ordem do Carmelo se espalhasse por todo o mundo e, com a ordem, difundiu-se também a devoção a Nossa Senhora do Carmo entre os fiéis.

Palavra de Deus (Gl 4,4)

"Quando se completou o tempo previsto, Deus enviou seu Filho, nascido de mulher, nascido sujeito à Lei."

Reflexão

Deus quis dar uma Mãe como um dom para nós, a fim de que ela pudesse mostrar seus cuidados maternais. Maria é sempre a mãe bondosa que nunca abandona seus filhos, mas os acompanha por toda parte, ajudando-os a vencer as dificuldades.

Oração

Querida Mãe e Senhora do Carmo. Meu pedido é para todas as mães do mundo, especialmente pelas mais pobres e sofridas. Por vossa poderosa intercessão, concedei-lhes forças para que possam cumprir com dignidade a missão privilegiada e abençoada que Deus lhes confiou. Aliviai seus sofrimentos e dai a todas a vossa bênção maternal. Amém.

Pai-Nosso, Ave-Maria e Glória-ao-Pai...
Nossa Senhora do Carmo, dai-nos vossa bênção hoje e sempre.

SEGUNDO DIA

O monte Carmelo

Em nome do Pai, do Filho e do Espírito Santo. Amém.

Novecentos anos antes da vinda de Cristo, já os eremitas, discípulos de Elias e de Eliseu, prestavam culto profético à futura Mãe do Redentor, simbolizada naquela pequena nuvem que Elias viu surgir do mar e alargar-se sobre a terra, desfazendo-se em copiosa chuva, que Deus mandava para seu povo castigado pela seca (1Rs 18,44-46). No monte Carmelo foi erguida uma capela, que mais tarde, veio a ser um templo dedicado a Virgem Santíssima. Essa capela atraiu muitas pessoas ao lugar, que começaram a chamar os eremitas devotos de "irmãos da bem-aventurada

Virgem Maria do Monte Carmelo" e, posteriormente, de "carmelitas".

Palavra de Deus (Lc 1,39)

"Naqueles dias, Maria partiu apressadamente para a região montanhosa, dirigindo-se a uma cidade de Judá."

Reflexão

Maria vai às montanhas, vai a seu povo, aos pobres, para levar Jesus e com ele a bênção e as graças. Ela é como a chuva mansa que fecunda o solo árido dos corações. Ela leva a esperança e a salvação.

Oração

Senhora do Carmelo. Sede luz, guia e refrigério para todos os vossos filhos e filhas. Mostrai para todos nós a direção a seguir, a fim de que encontremos Jesus, que é o Caminho, a Verdade e a Vida. (*Pede-se aqui a graça desejada.*) Amém.

Pai-Nosso, Ave-Maria e Glória-ao-Pai...
Nossa Senhora do Carmo, dai-nos vossa bênção hoje e sempre.

TERCEIRO DIA

Os carmelitas

Em nome do Pai, do Filho e do Espírito Santo. Amém.

O número de eremitas do monte Carmelo foi crescendo. Viviam nas numerosas grutas daquela montanha, dedicando-se à oração e ao trabalho. O ambiente, com suas encostas, vegetação exuberante e animais amigos, favorecia a vida de oração e contemplação. Com o passar do tempo e o crescimento do número de membros, sentiram a necessidade de se organizar em comunidades. Para isso, precisavam de um regulamento que apresentasse as principais normas de conduta dos membros da comunidade. Esse regulamento foi preparado pelo bispo de Jerusalém, santo

Alberto, e aprovado mais tarde pelo papa Honório III, em 1226. Iniciava-se, então, oficialmente a Ordem do Carmelo, mais tarde batizada pelo povo como Ordem de Nossa Senhora do Carmo.

Palavra de Deus (Mc 3,34b-35)

"Eis minha mãe e meus irmãos! Quem faz a vontade de Deus, esse é meu irmão, minha irmã e minha mãe."

Reflexão

A vida de oração vivida em comunidade ou em família é mais enriquecedora. A família é a fonte da vida e do amor. Deus é família, Deus é comunidade!

Oração

Mãe e Senhora do Carmo, abençoai todas as famílias para que cresçam em graça e amor; os lares para que neles reinem a compreensão e a harmonia; os pais para que sejam luz, força e sustento; as mães para que sejam amor, vida e ternura; os filhos para que sejam saudáveis e felizes. (*Pede-se aqui a graça desejada.*) Amém.

Pai-Nosso, Ave-Maria e Glória-ao-Pai...
Nossa Senhora do Carmo, dai-nos vossa bênção hoje e sempre.

QUARTO DIA

Expansão da ordem carmelita

Em nome do Pai, do Filho e do Espírito Santo. Amém.

Os religiosos carmelitas, perseguidos pelos turcos, abandonaram o monte Carmelo e foram para a Europa, onde procuravam se estabelecer como ordem carmelitana e espalhar a devoção a Nossa Senhora do Carmo. Na Europa, outras ordens religiosas temiam a presença dos carmelitas, vendo neles uma ameaça para seu próprio prestígio e sobrevivência, por isso dificultavam sua inserção nas cidades europeias. Nesse momento difícil da vida da ordem, surge o eremita Simão Stock, homem de grande fé e devoção autêntica a Virgem Santíssima. Atraído pela vida austera dos carmelitas, ingressou também na ordem e mostrou logo ser o instrumento de Deus destinado a solucionar as grandes dificuldades do momento. Por suas grandes virtudes, foi eleito superior-geral da ordem.

Palavra de Deus (Lc 2,33-35a)

"O pai e a mãe ficavam admirados com aquilo que diziam do menino. Simeão os abençoou e disse a Maria, a mãe: ... uma espada transpassará tua alma!"

Reflexão

Apesar das dificuldades, os carmelitas não desanimaram, pois sabiam que Deus e Nossa Senhora estavam com eles e que os obstáculos os tornariam mais fortes na fé e no amor.

Oração

Senhora do Carmo, por vossa intercessão, concedei-nos de Deus a fortaleza em meio aos sofrimentos e dificuldades da vida. Fazei-nos ver a luz de Deus, que nunca se apaga e que nos faz chegar à realização plena da fé e do amor. (*Pede-se aqui a graça desejada.*) Amém.

Pai-Nosso, Ave-Maria e Glória-ao-Pai... Nossa Senhora do Carmo, dai-nos vossa bênção hoje e sempre.

QUINTO DIA

Aparição a são Simão Stock

Em nome do Pai, do Filho e do Espírito Santo. Amém.

Por meio de uma oração simples e singela, Simão Stock dirigia-se a Maria, pedindo proteção para os carmelitas. A oração é conservada até hoje e começa assim: "Flor do Carmelo, doce e bendita, ó Mãe puríssima, aos carmelitas sê, tu, propícia, Estrela do mar...". Em resposta às preces desse querido filho, Nossa Senhora, no dia 16 de julho de 1251, apareceu cercada de anjos e lhe apresentou o escapulário: "Meu dileto filho, eis o escapulário que será distintivo da Ordem Carmelita. Quem morrer trazendo este escapulário estará livre das penas do inferno, isto é, salvar-se-á". Com essa aparição, a ordem carmelitana ganhou mais créditos na Europa e foi logo aceita em vários países. Mais tarde, a Igreja também a aceitou oficialmente e recomendou o uso do escapulário para todos os fiéis.

Palavra de Deus (Jo 2,1.3.5)

Houve um casamento em Caná da Galileia, e a mãe de Jesus estava presente. "Eles não têm vinho!" "Fazei tudo o que ele vos disser!"

Reflexão

A intercessão de Maria foi muito clara também na vida dos carmelitas. Ela é uma mãe que está sempre atenta às necessidades de seus filhos e suplica a Deus por eles.

Oração

Senhora e Mãe do Carmo, intercedei por nós a Jesus, para que ele possa converter nossos sofrimentos em esperanças, nossas dificuldades em fé autêntica e nossas tristezas em alegrias! (*Pede-se aqui a graça desejada.*) Amém.

Pai-Nosso, Ave-Maria e Glória-ao-Pai...
Nossa Senhora do Carmo, dai-nos vossa bênção hoje e sempre.

SEXTO DIA

O escapulário

Em nome do Pai, do Filho e do Espírito Santo. Amém.

O escapulário é uma tira de pano que frades e freiras de certas ordens trazem pendente sobre o peito. Ele não surgiu com o Carmelo, pois já era uma peça do hábito dos monges mais antigos. Contudo, o escapulário de Nossa Senhora do Carmo tem uma história singular. Tomou grande importância e notoriedade depois da aparição da Virgem Santíssima a são Simão Stock. Uma tradição muito antiga dava grandes privilégios ao uso do escapulário, outorgando-lhe até um poder quase mágico. No entanto, o mais importante no uso do escapulário é a profunda devoção e amor a Nossa Senhora como nossa intercessora a Deus. Numa carta do papa João Paulo II aos carmelitas, ele incentiva todos os fiéis ao uso do escapulário como sinal de veneração e amor a Nossa Senhora, nossa Mãe e Co-redentora da humanidade.

Palavra de Deus (Jo 19,26)

"Jesus, ao ver sua mãe e, ao lado dela, o discípulo que ele amava, disse à mãe: 'Mulher, eis o teu filho!'."

Reflexão

Maria Santíssima recebe-nos como filhos e filhas a todo instante de nossa vida, especialmente nos momentos mais difíceis, pois Jesus nos ama muito, nunca nos desampara e está sempre pronto a nos ajudar.

Oração

Senhora do Carmo, queremos ser realmente vossos filhos e filhas. Fazei-nos sentir a cada dia a vossa presença de mãe amorosa, terna e solícita em nos atender. (*Pede-se aqui a graça desejada.*) Amém.

Pai-Nosso, Ave-Maria e Glória-ao-Pai...
Nossa Senhora do Carmo, dai-nos vossa bênção hoje e sempre.

SÉTIMO DIA

Vivência do escapulário

Em nome do Pai, do Filho e do Espírito Santo. Amém.

Pelo uso do escapulário, a Igreja convida os fiéis a viverem a mensagem do Evangelho, isto é, a praticar a justiça e a caridade e a mostrar publicamente seu amor a Maria, como Mãe e Rainha do Carmelo, imitando-a nas suas virtudes. O escapulário é um sinal que sintetiza a espiritualidade mariana vivida por tantos devotos e que os torna sensíveis à presença amorosa de Maria Santíssima em suas vidas. O papa João Paulo II, em sua carta aos carmelitas, afirma que "o escapulário se converte em sinal de *aliança* e de comunhão recíproca entre Maria e os fiéis". O escapulário é ainda sinal de compromisso cristão, que nos impulsiona a testemunhar nossa fé e comunicar a mensagem evangélica entre nossos irmãos.

Palavra de Deus (At 1,14)

"Todos eles perseveravam na oração em comum, com algumas mulheres — entre elas, Maria, mãe de Jesus..."

Reflexão

Maria Santíssima está sempre conosco, especialmente quando oramos ou praticamos boas ações. Ela é uma presença forte em nossa vida e modelo acabado de virtudes.

Oração

Senhora do Carmo, assim como estivestes rezando com os apóstolos e primeiros cristãos, concedei-nos a perseverança na oração e na prática do bem em favor dos irmãos. Ficai sempre conosco! (*Pede-se aqui a graça desejada.*) Amém.

Pai-Nosso, Ave-Maria e Glória-ao-Pai...
Nossa Senhora do Carmo, dai-nos vossa bênção hoje e sempre.

OITAVO DIA

Valor do escapulário

Em nome do Pai, do Filho e do Espírito Santo. Amém.

O escapulário tem suas raízes na tradição da ordem carmelitana, que o interpretou como sinal da proteção materna de Maria. O seu verdadeiro valor vem da experiência plurissecular que o confirma como sinal de uma profunda e autêntica devoção a Virgem Santíssima. A Igreja aprova-o como compromisso de seguir Jesus, compromisso radicado no batismo, que torna todos filhos de Deus. Introduz a pessoa na fraternidade do Carmelo e a leva a viver seu espírito de oração e contemplação dos mistérios divinos. O escapulário não exige qualidades especiais nem preparação alguma da pessoa. Seu valor está em ser um meio que nos aproxima de Deus e desperta em nosso coração o amor filial para com a Mãe de Jesus.

Palavra de Deus (Ap 12,1)

"Então apareceu no céu um grande sinal: uma mulher vestida com o sol, tendo a lua debaixo dos pés e, sobre a cabeça, uma coroa de doze estrelas."

Reflexão

Maria Santíssima é, sem dúvida, a mulher vitoriosa sobre o mal e radiante de beleza. Ela aponta-nos o caminho a seguir para sermos a cada dia autênticos filhos e filhas de Deus.

Oração

Senhora do Carmo, velai-nos e alcançai-nos a graça de praticarmos nossos compromissos de verdadeiros cristãos, de testemunhas do amor de Deus e de propagadores da mensagem do Evangelho. (*Pede-se aqui a graça desejada.*) Amém.

Pai-Nosso, Ave-Maria e Glória-ao-Pai...
Nossa Senhora do Carmo, dai-nos vossa bênção hoje e sempre.

NONO DIA

Consagração a Nossa Senhora

Em nome do Pai, do Filho e do Espírito Santo. Amém.

O principal valor do escapulário é a consagração a Maria. Consagrar-se é oferecer-se a Virgem Santíssima, para que ela nos ajude a realizar mais plenamente o projeto de Deus. É escolhê-la como nossa padroeira e colocar-nos à sua escola e aos seus cuidados. Consagrar-se é escolher Maria como nossa Mãe, que nos dá vida e a revigora a cada dia. É escolher Maria como nossa Mestra, que nos ensina os caminhos para chegarmos a Jesus, fazendo-nos viver na humildade e na entrega total a Deus. É ainda escolher Maria como nossa Rainha, que nos protege contra o mal e intercede por nós a Deus. Consagrar-se a Maria é declarar-se como ela, "serva de Deus", disposta a fazer em tudo e sempre a vontade do Pai.

Palavra de Deus (Lc 1,38)

"Eis aqui a serva do Senhor! Faça-se em mim segundo a tua palavra."

Reflexão

Maria, Mãe de Deus e Rainha dos céus, declara-se "serva do Senhor". Serva que faz a vontade do Pai, serva que traz Jesus em seu seio e na qual o Espírito Santo opera maravilhas.

Oração

Senhora e Rainha do Carmo, olhai para vossos servos e servas que estão aqui diante de vós. Aceitai, Virgem bendita, a consagração de todo o nosso ser, de toda a nossa vida, com tudo o que somos, com tudo o que fazemos e com tudo o que possuímos. Somos completamente propriedade vossa, ó nossa Rainha! (*Pede-se aqui a graça desejada.*) Amém.

Pai-Nosso, Ave-Maria e Glória-ao-Pai...
Nossa Senhora do Carmo, dai-nos vossa bênção hoje e sempre.

ORAÇÕES

Oração a Nossa Senhora do Carmo

Senhora do Carmo, protegei-nos de todos os perigos e dai-nos a graça de termos uma boa morte. Que sob o vosso olhar e vossa proteção possamos obter a misericórdia de Deus todos os dias de nossa vida. Querida Mãe, não nos deixeis abandonados ao nosso egoísmo, indiferença, ódio e rancor. Protegei as crianças, os jovens, os pais e as mães de família e os idosos. Fazei crescer em nossos corações o amor, especialmente pelos que mais precisam de nossa atenção e carinho. Amém!

Oração a Nossa Senhora do Carmo pelos que usam o escapulário

Ó Virgem do Carmo e Mãe amorosa de todos os fiéis, mais especialmente dos que vestem vosso sagrado escapulário. Ó Virgem Santíssima, dissestes que o escapulário é a defesa nos perigos, sinal de vosso amor e laço de aliança entre vós e vossos filhos. Fazei, pois, Mãe amorosa, que ele me una perpetuamente a vós e me livre de todo pecado. Em prova do meu reconhecimento e fidelidade, ofereço-me todo a vós, consagrando-vos neste dia os meus olhos, meus ouvidos, minha boca e todo o meu ser. E porque vos pertenço inteiramente, guardai-me e defendei-me como coisa e propriedade vossa. Amém.

Ladainha de Nossa Senhora do Carmo

Senhor, tende piedade de nós.
Senhor, tende piedade de nós.
Jesus Cristo, tende piedade de nós.
Jesus Cristo, tende piedade de nós.
Senhor, tende piedade de nós.
Senhor, tende piedade de nós.
Jesus Cristo, ouvi-nos. (*bis*)
Jesus Cristo, atendei-nos. (*bis*)
Deus Pai dos céus, tende piedade de nós.

Deus Filho, Redentor do mundo, tende piedade de nós.
Deus Espírito Santo, tende piedade de nós.
Santíssima Trindade que sois um só Deus, tende piedade de nós.

Santa Maria,	rogai por nós.
Mestra da vida interior,	rogai por nós.
Virgem da fé,	rogai por nós.
Virgem do caminho da perfeição,	rogai por nós.
Virgem fiel,	rogai por nós.
Virgem que sabe ouvir,	rogai por nós.
Mãe das Fundações,	rogai por nós.
Mãe do abandono perfeito,	rogai por nós.
Mãe da pequena Via,	rogai por nós.
Mãe da caridade,	rogai por nós.
Mãe da humildade,	rogai por nós.
Senhora das Moradas Eternas,	rogai por nós.
Senhora do "SIM",	rogai por nós.
Senhora do monte Carmelo,	rogai por nós.
Fiel esposa de José,	rogai por nós.
Esposa da Viva Chama de Amor,	rogai por nós.
Perfeita esposa do Cântico Espiritual,	rogai por nós.
Estrela do Carmelo,	rogai por nós.
Flor do Carmelo,	rogai por nós.
Formosura do Carmelo,	rogai por nós.
Senhora da Subida do Monte Carmelo,	rogai por nós.
Modelo de oração,	rogai por nós.
Modelo de vida interior,	rogai por nós.

Caminho que leva a Deus,	rogai por nós.
Alma enamorada de Deus,	rogai por nós.
Auxílio dos carmelitas,	rogai por nós.
Serva de Javé,	rogai por nós.
Sublime filha de Sião,	rogai por nós.
Esperança dos carmelitas,	rogai por nós.
Rainha do silêncio,	rogai por nós.
Rainha do Castelo Interior,	rogai por nós.
Rainha do Carmelo,	rogai por nós.

Cordeiro de Deus que tirais o pecado do mundo, perdoai-nos, Senhor.

Cordeiro de Deus que tirais o pecado do mundo, ouvi-nos, Senhor.

Cordeiro de Deus que tirais o pecado do mundo, tende piedade de nós.

Rogai por nós, santa Mãe de Deus e Virgem do Carmelo, para que sejamos dignos das promessas de Cristo.

Oremos. Ó Deus, que, pela intercessão da Virgem do Carmelo, nos quereis todos salvos, concedei-nos que pela devoção a nossa Mãe Santíssima sejamos abençoados nesta vida e alcancemos no céu um lugar entre os santos. Pelo mesmo Jesus Cristo, vosso Filho e nosso Senhor. Amém.

CANTOS

A Virgem do Carmelo

Letra e música: Ir. Miria T. Kolling
(Cd 11566-5 – Paulinas/Comep)

Ó Virgem do Carmelo,
Sê guia e proteção!
Dos astros o mais belo,
Ilumina nossa escuridão.
Conduze-nos à fonte,
Queremos do Amado beber...
E em nós o novo desponte,
Certeza do amanhecer!
E por ti chegaremos ao Monte-Jesus,
Nossa vida, céu e luz!

Ó Mãe da eterna graça,
Inflama-nos de amor!
Em nós também se faça
A vontade do Pai e Senhor!

Sê fonte de esperança
Aos homens em seu caminhar.
Na mão da Mãe não se cansa
Quem quer a montanha escalar...
E por ti chegaremos ao Monte-Jesus,
Nossa vida, céu e luz!

Sinal do Paraíso,
Estrela a luzir.
Ó dá-nos teu sorriso
E o deserto faremos florir!
Concede-nos, Maria,
Fazer tudo o que ele disser,
Pra que o amor, a alegria
Não faltem à vida do ser...
E, por ti, chegaremos ao Monte-Jesus,
Nossa vida, céu e luz!

Glória ao Carmelo

Autor desconhecido

Refrão:
Glória, glória ao Carmelo cantemos
Que Deus fez nobre monte de escol
Para ser de sua mãe sempre virgem
Pedestal mais fulgente que o sol.
Dele jorra uma fonte de graças,
Dele jorra uma fonte de amor,
Propiciando aos filhos que sorvem
Proteção, confiança e vigor.
O Santo Escapulário é prenda sem igual,
Precioso relicário de graças manancial.

1. Resguarda a quem o veste
   De modo singular
   Dá proteção celeste
   Em terra, no ar e mar.

2. Do Carmo, Virgem Santa,
   Teu hábito é penhor;
   Tua ternura é tanta,
   Que nem de Mãe o amor.

3. Mil graças, pois, te damos
   Princesa de Sião;
   Hosanas te elevamos
   De todo coração.

4. Aurora luminosa,
   Estrela matinal,
   Dirige, carinhosa,
   O mísero mortal.

5. Se nuvens se condensam
   Em torno ao coração
   Com tua santa bênção
   Dá-nos consolação.

6. Estende, Mãe querida,
   Teu manto sobre nós,
   E ao fim de nossa vida,
   Ouçamos tua voz.

Maria, Glória do Carmelo!

Autor desconhecido

Refrão:
Glória, Glória ao Carmelo cantemos
A Maria que é exemplo de amor!
Para sempre Mãe tão querida
Que cumpriu a palavra do Senhor!

1. O teu nome é bendito na terra
   E os pobres confiam em seu clamor.
   Mãe, conduz o teu povo que sofre
   Para a terra onde reina o amor!

2. O Santo Escapulário confirma os filhos teus
   Que buscam todo dia cumprir a voz de Deus.
   Ó Mãe dos Carmelitas, ó nossa inspiração
   Na luta que fazemos pela nossa libertação!

3. Sê luz na caminhada, não podemos parar,
   São muitos os que querem teu povo enganar!
   Livra-nos da cobiça e da tentação
   De um dia nos cansarmos de nossa missão!

NOSSAS DEVOÇÕES
(Origem das novenas)

De onde vem a prática católica das novenas? Entre outras, podemos dar duas respostas: uma histórica, outra alegórica.

Historicamente, na Bíblia, no início do livro dos Atos dos Apóstolos, lê-se que, passados quarenta dias de sua morte na Cruz e de sua ressurreição, Jesus subiu aos céus, prometendo aos discípulos que enviaria o Espírito Santo, que lhes foi comunicado no dia de Pentecostes.

Entre a ascensão de Jesus ao céu e a descida do Espírito Santo, passaram-se nove dias. A comunidade cristã ficou reunida em torno de Maria, de algumas mulheres e dos apóstolos. Foi a primeira novena cristã. Hoje, ainda a repetimos todos os anos, orando, de modo especial, pela unidade dos cristãos. É o padrão de todas as outras novenas.

A novena é uma série de nove dias seguidos em que louvamos a Deus por suas maravilhas, em particular, pelos santos, por cuja intercessão nos são distribuídos tantos dons.

Alegoricamente, a novena é antes de tudo um ato de louvor ao Pai, ao Filho e ao Espírito Santo, Deus três vezes Santo. Três é número perfeito. Três vezes três, nove. A novena é louvor perfeito à Trindade. A prática de nove dias de oração, louvor e súplica confirma de maneira extraordinária nossa fé em Deus que nos salva, por intermédio de Jesus, de Maria e dos santos.

O Concílio Vaticano II afirma: "Assim como a comunhão cristã entre os que caminham na terra nos aproxima mais de Cristo, também o convívio com os santos nos une a Cristo, fonte e cabeça de que provêm todas as graças e a própria vida do povo de Deus" (*Lumen Gentium*, 50).

Nossas Devoções procura alimentar o convívio com Jesus, Maria e os santos, para nos tornarmos cada dia mais próximos de Cristo, que nos enriquece com os dons do Espírito e com todas as graças de que necessitamos.

Francisco Catão

Paulinas

Rua Dona Inácia Uchoa, 62
04110-020 – São Paulo – SP (Brasil)
Tel.: (11) 2125-3500
paulinas.com.br – editora@paulinas.com.br
Telemarketing e SAC: 0800-7010081